Matthias Neuwersch

Responsive Web. Entwicklung von reagierenden Webanwendungen

GRIN Verlag

Bibliografische Information der Deutschen Nationalbibliothek:

Die Deutsche Bibliothek verzeichnet diese Publikation in der Deutschen National-
bibliografie; detaillierte bibliografische Daten sind im Internet über http://dnb.d-
nb.de/ abrufbar.

Impressum:

Copyright © 2014 GRIN Verlag GmbH
Druck und Bindung: Books on Demand GmbH, Norderstedt Germany
ISBN: 978-3-656-70328-0

Dieses Buch bei GRIN:

http://www.grin.com/de/e-book/276830/responsive-web-entwicklung-von-reagie-
renden-webanwendungen

GRIN - Your knowledge has value

Der GRIN Verlag publiziert seit 1998 wissenschaftliche Arbeiten von Studenten, Hochschullehrern und anderen Akademikern als eBook und gedrucktes Buch. Die Verlagswebsite www.grin.com ist die ideale Plattform zur Veröffentlichung von Hausarbeiten, Abschlussarbeiten, wissenschaftlichen Aufsätzen, Dissertationen und Fachbüchern.

Fachhochschul-Bachelorstudiengang
KOMMUNIKATION, WISSEN, MEDIEN
4232 Hagenberg, Austria

Responsive Web
Entwicklung von reagierenden Webanwendungen

Bachelorarbeit

zur Erlangung des akademischen Grades
Bachelor of Arts in Social Sciences

Eingereicht von

Matthias Neuwersch

Hagenberg, Januar 2014

KWM kommunikation, wissen, medien
IKM-Fakultät Hagenberg

Erklärung

Ich erkläre eidesstattlich, dass ich die vorliegende Arbeit selbstständig und ohne fremde Hilfe verfasst, andere als die angegebenen Quellen nicht benutzt und die den benutzten Quellen entnommenen Stellen als solche gekennzeichnet habe. Die Arbeit wurde bisher in gleicher oder ähnlicher Form keiner anderen Prüfungsbehörde vorgelegt.

Datum,   Unterschrift

Kurzfassung

Kein Kommunikationsmedium wächst so schnell wie das Internet. Entsprechend rasant wächst auch die Anzahl an unterschiedlichen webtauglichen Devices. Dazu zählen Desktop Computer und Tablets gleichermaßen wie Autos, Smartfridges und viele weitere Geräte. Webentwickler stehen nun vor der Herausforderung, Responsive Web Applications zu erstellen, die auf allen verfügbaren Geräten funktionieren und angepasst dargestellt werden. Die erfolgreiche Entwicklung von reagierenden Webanwendungen verlangt Denkmuster, die von gleichbleibenden Geräteeigenschaften gelöst sind. Entwickler sollten bereits bei der Konzeption vom kleinsten gemeinsamen Nenner ausgehen. Der Fokus auf die relevantesten Inhalte erleichtert die Umsetzung für Devices mit kleinen Displays. Gleichzeitig erscheint die Anwendung durch dieses Vorgehen auf Geräten mit größeren Displays aufgeräumt reduziert und wertet das Nutzererlebnis durch bessere Performance auf. Die Flexibilität einer Anwendung wächst mit der Reduktion der in der Entwicklung getroffenen Vorannahmen über den Nutzungskontext. Abhängig vom verwendeten Gerät sollen Responsive Web Applications anstreben, die gewünschten Inhalte optimal zu präsentieren, um so ein bestmögliches Nutzererlebnis zu bieten. In dieser Arbeit werden der Entwicklungsprozess einer reagierenden Webanwendung sowie auftretende Probleme und Lösungen veranschaulicht.

Abstract

The internet is growing faster than any other communication medium. Corresponding to that, the amount of different web capable devices on the market, including desktop computers and tablets as well as cars, smartfridges and many other devices, is growing rapidly. Webdevelopers are now facing the challenge to develop Responsive Web Applications running and being displayed adjusted on any available device. Successful Responsive Web Application development requires patterns, which are independent from the actual device characteristics. Therefore, developers should agree on the least common denominator and focus on providing content for devices with a small-sized display or restrained resources in a first step. By using this approach, the application offers a tidy, reduced look for devices with larger displays. Additionally, user experience is improved by increased performance at the same time. To increase its flexibility, an applications behavior should depend rather on the characteristics of the device than on assumptions made during the process of development. Responsive Web Applications aim to present the desired content in an optimal way, depending on the used device, in order to provide the best possible user experience. This paper shows the development process of a Responsive Web Application together with occurring problems and solutions.

Inhaltsverzeichnis

Abbildungsverzeichnis

1 Einleitung

Im Folgenden werden die Motivation und die Ziele der vorliegenden Arbeit erläutert sowie ein Überblick über den Aufbau der Arbeit gegeben.

1.1 Motivation

Wir sind in einer Zeit angekommen, in der Internet bereits allgegenwärtig und für fast jeden frei verfügbar ist. Die Vielfalt an Geräten und Maschinen mit Netzanbindung reicht von Kühlschränken über Autos bis hin zu Uhren, sodass man in der Webprogrammierung nicht länger nur an Desktop Computer, Tablets und Smartphones denken darf. Es ist nicht mehr möglich, für alle unterschiedlichen Ausgabegeräte (Devices) eine individuelle Ausgabe zu programmieren, wie es im Web noch vor wenigen Jahren der Fall war. Der Aufwand wäre in Anbetracht der heutigen Vielfalt an unterschiedlichen Geräten und dem stetigen Wachstum dieser Vielfalt unangemessen hoch. Das Ziel von reagierenden Webapplikationen (Responsive Web Applications) ist es, den Nutzern unabhängig von Endgerät und Softwareumgebung das bestmögliche Nutzererlebnis zu bieten (Fridaus, 2013). Mit der Verwendung unterschiedlicher Devices entstehen auch unterschiedliche Bedienmuster und Bedienintentionen, auf die es einzugehen gilt. Für Webentwickler bedeutet dieser Trend eine Veränderung der bisherigen Arbeitsweise. An sie werden neue Anforderungen gestellt – sowohl die Konzeption als auch die Entwicklung werden komplexer.

1.2 Ziele

Diese Arbeit behandelt Probleme, Lösungen, Vorgehensmethoden und Zukunftsaussichten um die Thematik der **Entwicklung von reagierenden Webanwendungen** mit dem Ziel, zukunftssichere Herangehensweisen an die Problematik zu erörtern. Im Zuge meines Berufspraktikums bei der Werbeagentur „ABM" in Traun war es unter anderem meine Aufgabe, Responsive Websites zu erstellen. Die Website der Forstverwaltung Steyrling – Schaumburg Lippe (www.fv-schaumburg-lippe.at) dient für diese Arbeit als praktisches Beispiel.

1.3 Aufbau der Arbeit

Das zweite Kapitel dient zur Einführung in die Grundlagen, die zum Verständnis der weiteren Kapitel vorausgesetzt werden. Im dritten Kapitel werden die Anforderungen an reagierende Webanwendungen, Probleme und Grenzen der Plattformunabhängigkeit, die Entwicklung solcher Applikationen sowie unterstützende Frameworks behandelt. Im vierten Kapitel werden Inhalte daraus anhand eines Praxisbeispiels näher betrachtet. Im fünften und letzten Kapitel werden Zukunftsaussichten als Ankerpunkte für weiterführende Arbeiten bereitgestellt.

2 Grundlagen und Begriffsbestimmungen

Das folgende Kapitel dient zur Einführung in die Grundlagen der Thematik sowie zur Erläuterung verwendeter Begriffe. Diese sind zum Verständnis der behandelten Themen notwendig. Hierin gesetzte Schwerpunkte werden als Basiswissen vorausgesetzt und in den weiteren Kapiteln nicht näher erläutert.

2.1 Web Technologien

Abhängig vom Kontext gibt es unterschiedliche Definitionen für „Web Technologien". Der Begriff umfasst sowohl Hardware- als auch Softwareaspekte. Eine sehr weit gefasste, allgemeine Definition liefert Strobel (2003, S. 25): *„Unter Web-Technologien können Techniken verstanden werden, die mit dem Internet zusammenarbeiten."* Der Gültigkeitsbereich von Web Technologien für diese Arbeit beschränkt sich auf Technologien, die zur Erstellung von Applikationen, welche mit einem Webbrowser (siehe 2.2.) bedient werden, verwendet werden. Der Fokus der Auswahl liegt auf für reagierende Webanwendungen relevante Web Technologien, welche für das herangezogene Beispielprojekt (Die Website der Forstverwaltung Steyrling – Schaumburg Lippe) verwendet wurden. Es wird darauf hingewiesen, dass es weitere Web Technologien gibt, mit denen sich ähnliche Applikationen erstellen lassen, die aber im Folgenden nicht genannt werden.

2.1.1 HTML

HTML (HyperText Markup Language) ist eine textbasierte, rein deklarative Sprache, die zur Strukturierung von Hypertext, das ist ein Text der Informationen durch Hyperlinks (Querverweise) zwischen Hypertext-Knoten verknüpft, genutzt werden kann (Weiss, 2011). Deklarativ bedeutet, dass Elemente nur beschrieben werden, die Sprache aber keine Logik, bspw. zur automatisierten Generierung von Elementen, unterstützt. Jacobs, Le Hore und Ragett (1999) definieren HTML als die Muttersprache des World Wide Web:

„To publish information for global distribution, one needs a universally understood language, a kind of publishing mother tongue that all computers may potentially understand. The publishing language used by the World Wide Web is HTML (from HyperText Markup Language)."

HTML Dokumente bestimmen die Struktur und den Aufbau einer auf HTML basierenden Webanwendung, wie beispielsweise einer Website. Codebeispiel 1 zeigt, wie ein HTML5 Dokument aufgebaut ist. In Zeile 1 wird der Dokumenttyp deklariert. Im Anschluss folgt eine Reihe von Elementen, die geöffnet und wieder geschlossen werden. Sie können weitere Elemente oder Textknoten enthalten. Im Dokumentkopf, beginnend in Zeile 3 mit dem head-Element, werden Metadaten des Dokumentes, wie der Titel der Seite, definiert. Als Ergebnis wird der Titel bei der Ausführung im Browser angezeigt (siehe Abb.1). Mit Zeile 6 beginnt der Rumpf des Dokumentes. In den Zeilen 7 bis 9 wird ein paragraph-Element (<p>) angelegt, welches der eindeutigen ID „FirstParagraph" sowie der Klasse „ObjectDescription" (siehe 2.1.3.) zugeordnet ist.

```
1  <!DOCTYPE html>
2  <html>
3    <head>
4      <title>Seitentitel</title>
5    </head>
6    <body>
7      <p id='FirstParagraph' class='ObjectDescription'>
8        Lorem Ipsum
9      </p>
10   </body>
11 </html>
```

Codebeispiel 1 – HTML Beispielcode

Ruft man dieses HTML-Dokument in einem Browser auf, erhält man eine Ausgabe, wie sie in Abbildung 1 zu sehen ist.

Abbildung 1 - Ergebnis von Codebeispiel 1

Seit dem 24. Dezember 1999 ist HTML 4.01 die aktuell gültige Spezifikation von HTML (Jacobs et al., 1999). Die derzeitige Candidate Recommendation

[4]

(Deutsch: Kandidat für Empfehlung) des World Wide Web Consortiums [W3C] für die nächste Generation von HTML (HTML5[1]) – sie soll HTML 4.01, XHTML 1.0 und DOM HTML Level 2 ersetzen – wird nicht vor September 2014 zu einer Proposed Recommendation (Deutsch: Vorgeschlagene Empfehlung) deklariert werden ([W3C], 2013).

Die unterschiedlichen Browser unterstützen in ihrer aktuellsten Version jedoch bereits jetzt eine Vielzahl der Funktionalitäten von HTML5. Die wesentlichsten Neuerungen von HTML5 sind nach Pieters (2013) Multimedia-Elemente (Audio/Video), die direkt in Webapplikationen eingebunden werden können, das Canvas Element zur dynamischen Generierung von zweidimensionalen Formen über eine definierte Schnittstelle, die Attribute „draggable" (Deutsch: ziehbar) und „dropzone" (Deutsch: Abwurfzone) zur Verwendung von Drag & Drop, eine Möglichkeit zur lokalen Speicherung von Daten mittels LocalStorage sowie erweiterte Eingabefelder und Eingabevalidierung für Formulare. Durch diese Neuerungen wird HTML als Basis für Unterhaltungsplattformen und somit als Basis für reagierende Anwendungen immer geeigneter.

In HTML werden die einzelnen Elemente einer Webanwendung, die in einer Baumstruktur abgebildet werden, deklariert. Dabei gibt es unterschiedliche Elementtypen. Zusätzlich können jedem Element eine eindeutige ID und beliebig viele Klassen zugewiesen werden. Auf die deklarierten HTML Elemente können andere Technologien über DOM zugreifen (World Wide Web Consortium DOM Interest Group [W3CDIG], 2005).

2.1.2   DOM

DOM ist (Document Object Model) *„a platform- and language-neutral interface that will allow programs and scripts to dynamically access and update the content, structure and style of documents"* (W3CDIG, 2005). Über DOM ist es demnach möglich, HTML Elemente dynamisch hinzuzufügen, zu bearbeiten, oder zu entfernen. Der DOM-Baum ist eine Abbildung des gesamten HTML Dokumentes in Form einer Baumstruktur. Dabei werden Knoten über hierarchische Beziehungen (man spricht von „Verwandtschaft") zueinander in

---

[1] Die HTML5-Spezifikation finden Sie unter http://www.w3.org/TR/html5/.

Verbindung gestellt. Diese Verwandtschaft ermöglicht die logische Vererbung von Eigenschaften und erweitert die Zugriffsselektion. Eigenschaften eines Elementes werden – je nach Typ – in klar definierten Regeln an dessen Kind Elemente kaskadierend weiter vererbt. Erst durch DOM ist es demnach möglich, HTML mit anderen Technologien zu verbinden. Nach der offiziellen Definition (W3CDIG, 2005) ist DOM plattform- und sprachneutral. Das bedeutet, dass unterschiedliche Technologien, die für reagierende Webapplikationen nötig sind, über DOM auf HTML Elemente zugreifen können und HTML somit als Basis für die Struktur und alle auszugebenden Inhalte verwendet wird. Diese Inhalte können dann zum Zeitpunkt der Ausgabe vom Browser aus dem HTML Dokument ausgelesen werden.

Trotz der Möglichkeit, in HTML Formatierungsangaben zu definieren, versuchen Entwickler den Inhalt vom Layout zu trennen. Zu diesem Zweck werden separat eingebundene Stylesheets verwendet.

2.1.3 CSS

CSS (Cascading Style Sheets) ist eine textbasierte, deklarative Sprache zur Definition von HTML Element-Eigenschaften wie zum Beispiel Größe, Farbe oder Positionierung. Anders als HTML ist CSS nicht hierarchisch gegliedert. In CSS werden hintereinander beliebig viele Formate definiert. Ein Format wird jeweils einem oder mehreren Selektoren zugewiesen. Diese Selektoren definieren über die Schnittstelle DOM eine Summe an HTML Elementen. Alle Elemente des HTML Dokumentes, die von einem Selektor definiert werden, übernehmen das dem Selektor zugewiesene Format unter Beachtung vordefinierter Prioritätsregeln. Wird einem Element kein Format direkt oder durch Vererbung zugewiesen, so wird der Initialwert dargestellt. Der Initialwert jeder Eigenschaft kann mit dem Keyword „initial" explizit spezifiziert werden (Wium Lie 2005).

Selektoren können unter anderem auf Elementtypen, eindeutige IDs oder generalisierende Klassen verweisen. In Codebeispiel 2 soll die Verwendung von Selektoren verdeutlicht werden.

```
1 p{font-size: 10pt;}
2
3 .ObjectDescription{color: blue;}
4
5 #FirstParagraph{color: black;}
```
Codebeispiel 2 – CSS Beispielcode

In Zeile 1 des Codebeispiels 2 wird ein Format mit einer Schriftgröße von 10pt deklariert. Alle Elemente vom Elementtyp „p" (für „paragraph") weisen ihrer Eigenschaft „font-size" (Deutsch: Schriftgröße) den Wert „10pt" zu.

In Zeile 3 wird ein Format mit der Schriftfarbe „blue" (Deutsch: Blau) deklariert. Die Eigenschaft „color" (Deutsch: Farbe) aller Elemente der Klasse „ObjectDescription" erhält dadurch den Wert „blue".

In Zeile 5 wird ein Format mit der Schriftfarbe „black" (Deutsch: Schwarz) deklariert. Die Eigenschaft „color" des Elementes mit der ID „FirstParagraph" erhält dadurch den Wert „black".

Selektoren haben unterschiedliche Gewichtungen. Im gezeigten Beispiel befindet sich jeweils ein Typen-, Klassen- und ein ID-Selektor. Die Gewichtung dieser Selektoren ist (in selber Reihenfolge) 1, 10 und 100 (Mihawk, 2011). Die Gewichtung bestimmt, welches Format Priorität hat, sollten – wie beim gezeigten Beispiel die Eigenschaft „color" – Formatierungsüberschneidungen auftreten. Das Format der höchsten Gewichtung wird schlussendlich im Browser dargestellt. Dieses Verhalten kann zur Steuerung der Ausgabe je nach Ausgabegerät genutzt werden. So kann man allgemeingültige Regeln für Elementtypen festlegen, während man gleichzeitig spezifische Regeln für Klassen oder IDs definiert. Diese überschreiben gegebenenfalls die allgemeingültigen Regeln. Um dieses Verhalten für die Erstellung reagierender Webanwendungen verwenden zu können, müssen die überschreibenden Klassen und IDs je nach Ausgabegerät individuell definiert werden, da sonst für jedes Ausgabegerät dieselben Überschreibungen wirken würden. Mit media queries[2] ist es möglich, auf unterschiedliche Parameter des Ausgabegerätes zu reagieren und dementsprechend die Formate der höher gewichteten Selektoren angepasst zu definieren (Simmons, 2013). Damit können in weiterer Folge für unterschiedliche Geräte unterschiedliche Darstellungen erzielt werden.

---

[2] Die Spezifikation für Media Queries finden Sie unter http://www.w3.org/TR/css3-mediaqueries/.

2.1.4   Media Types, Media Groups und Media Queries

Um die Ausgabe für verschiedene Ausgabemedien anzupassen, wurden bereits in CSS 2.1 unterschiedliche **„media types"** definiert. CSS identifiziert dabei zehn Eigenschaften verschiedener Interaktionsmuster welche zusammen in vier **„media groups"** gruppiert werden. Diese Eigenschaften beschreiben beispielsweise, ob der Inhalt eines Dokuments in alleinstehende Teile gebrochen werden muss (wie z.b. ausgedruckte Seiten) oder ob sie in einem Stück ohne theoretischem Limit (wie in einem Webbrowser mit Scrollbalken) präsentiert werden können. Jeder media type definiert spezifische Eigenschaften für jede einzelne der vier media groups. Daher sind verschiedene CSS Eigenschaften mit einem media type gekoppelt, sodass nicht jede Eigenschaft für jeden media type zugewiesen werden kann. Monochrome displays (Deutsch: schwarz-weiß oder schwarz-grün Monitore) als Beispiel haben keine Verwendung für die CSS Eigenschaft „color". In CSS 2.1 sind neun media types definiert: braille, embossed, handheld, print, projection, screen, speech, tty und tv (Lewis & Moscowitz, 2009). Tabelle 1, entnommen aus der CSS2.1 Spezifikation[3], zeigt die Verbindung zwischen den media groups und media types:

Media Types	Media Groups			
	continuous / paged	visual / audio / speech / tactile	grid / bitmap	interactive / static
braille	continuous	tactile	grid	both
embossed	paged	tactile	grid	static
handheld	both	visual, audio, speech	both	both
print	paged	visual	bitmap	static
projection	paged	visual	bitmap	interactive
screen	continuous	visual, audio	bitmap	both
speech	continuous	speech	N/A	both
tty	continuous	visual	grid	both
tv	both	visual, audio	bitmap	both

Tabelle 1 – Beziehung zwischen media groups und media types

Media types werden über das media-Attribut in einem link- oder style-Element spezifiziert oder innerhalb eines Stylesheets durch die Verwendung von

---

[3] Zu finden unter http://www.w3.org/TR/CSS2/media.html#media-groups

„@media" hinzugefügt. Eine vom media type abhängige Einbindung des Stylesheets kann in der Praxis wie folgt aussehen:

```
1 <link rel="stylesheet" href="screen.css" type="text/css" media="screen">
2 <link rel="stylesheet" href="handheld.css" type="text/css" media="handheld">
```
Codebeispiel 3 – Einbindung von Stylesheets in HTML

In Zeile 1 aus Codebeispiel 3 wird das Stylesheet „screen.css" eingebunden, wenn das Ausgabegerät vom media type „screen" ist. In Zeile 2 hingegen wird das Stylesheet „handheld.css" eingebunden, wenn das Ausgabegerät vom media type „handheld" ist. Nicht zuletzt weil moderne Smartphones teilweise schon Full HD Resolutionen (1920 x 1080 Pixel) unterstützen, definieren Hersteller ihre Geräte nicht mehr als „handheld" sondern „screen", was die Notwendigkeit einer Adaption oder Erweiterung der media types hervorrief.

Mit Version 3 von CSS werden **media queries** eingeführt. Sie sind eine Erweiterung der in CSS 2.1 definierten media types. Sklar (2011, S. 623) beschreibt die Erweiterung der media types in der fünften Edition seines Buches „Principles of Web Design" als eine Kombination von media types und media features: *„A Media Query contains both a media type and optional expressions that check conditions called media features. The media features include characteristics such as the width or height of the destination device."* Eine vom media query abhängige Einbindung des Stylesheets kann in der Praxis demnach wie folgt aussehen:

Einbindung im HTML Dokument:

```
1 <link rel="stylesheet" type="text/css" media ="only screen and
2 (max-device-width: 480px)" href="iPhone.css" >
```
Codebeispiel 4 – Bedingte Einbindung von Stylesheets

In Codebeispiel 4 wird das Stylesheet "iPhone.css" eingebunden, wenn die max-device-width (maximale Bildschirmbreite des Devices) 480px nicht überschreitet. Das Schlüsselwort „only" verhindert, dass ältere Browser, die media queries nicht unterstützen, das Stylesheet dennoch laden (Powers, 2011). Mit Hilfe von media queries kann man die für die Webapplikation relevanten Eigenschaften des Ausgabemediums sehr detailliert abfragen und entsprechende Formate definieren. Media queries werden beim Laden des Stylesheets bearbeitet. Manchmal ist es aber nötig, auch zur Laufzeit

Änderungen vorzunehmen oder Parameter des Ausgabegerätes abzufragen. Zu diesem Zweck gibt es JavaScript Bibliotheken wie bspw. enquire.js[4], womit jederzeit im selben Stil wie bei media queries die benötigten Parameter abgefragt und dann Folgeoperationen eingeleitet werden können. Gleich wie im media-Attribut des link-Elementes aus Codebeispiel 4, werden in JavaScript im selben Stil die Parameter des Ausgabegerätes abgefragt (Goodman et al. 2010). Codebeispiel 5 zeigt die Verwendung von media queries mithilfe von enquire.js:

```
1 enquire.register("all and (max-width: 1024px)", {
2     match: function(){
3             //Do Something
4     }
5 });
```

Codebeispiel 5 – Media queries in enquire.js

In Zeile 1 aus Codebeispiel 5 wird die Funktion „register" aufgerufen und als Parameter das media query übergeben. Erfüllt das Ausgabegerät die gefragten Kriterien, also eine maximale Breite von 1024px, dann wird der Anweisungsblock (hier Zeile 3) ausgeführt.

2.1.5   JavaScript

JavaScript wurde zur dynamischen Veränderung des HTML Dokumentes entwickelt. Durch JavaScript werden Interaktionen und deren Auswertung ermöglicht. Im Hauptnutzungskontext werden HTML Elemente über die Schnittstelle DOM generiert, verändert oder nachgeladen. Nach demselben Prinzip wie in CSS werden auch in JavaScript Elemente mit dem Ziel, allen betroffenen HTML Elementen gewisse Operationen zuzuweisen, über Selektoren angesprochen. Für reagierende Webapplikationen kann es beispielsweise erforderlich sein, beim Verändern der Fenstergröße des Browsers (unter anderem mit der Funktion „verkleinern" unter Microsoft Windows) die Größe eines ausgegebenen Bildes an die neue Fenstergröße anzupassen. Folgendes Codebeispiel demonstriert diesen Anwendungsfall mithilfe des JavaScript Frameworks jQuery (siehe 3.5.1.):

---

[4] Mehr Information unter http://wicky.nillia.ms/enquire.js/

[10]

```
1  $(window).resize(function(){
2      var WindowInnerWidth = window.innerWidth;
3      $("#Bild").width(WindowInnerWidth);
4  });
```

Codebeispiel 6 – Anpassung an Fensterbreite

In Zeile 1 aus Codebeispiel 6 wird definiert, dass der folgende Anweisungsblock ausgeführt werden soll, sobald sich die Fenstergröße verändert. In Zeile 2 wird die Breite der nun geltenden, inneren Fensterbreite (in Pixel) in eine Variable mit dem Namen „WindowInnerWidth" gespeichert. In Zeile 3 wird dem Attribut „width" (Deutsch: Breite) des HTML Elements mit der ID „Bild" der in der Variable „WindowInnerWidth" gespeicherte Wert zugewiesen. Die Selektoren verwendet man mit der Bibliothek jQuery im selben Stil wie in CSS (siehe 2.1.3.). Mit der Ausführung dieses Codeblocks reagiert die Anwendung bereits auf ihre Umgebung und passt das Bild entsprechend an – das Grundprinzip von Responsive Design. Ob und mit welcher Effizienz JavaScript interpretiert wird, hängt vom verwendeten Browser und dessen Einstellungen ab. Die Browserhersteller sind stets bemüht, ihre JavaScript rendering engines zu optimieren um einen Wettbewerbsvorteil zu erlangen.

2.2 Browser

Ein Browser oder Webbrowser ist ein Programm zur Darstellung von Webcontent. Der Hauptanwendungskontext ist das Browsen, also das Durchstöbern des World Wide Web. Dabei werden HTML Dokumente angezeigt, die über Hyperlinks miteinander verbunden sind. Browser sind aufgrund der Entwicklung des Webs häufig genutzte Programme. Unter anderem durch Technologien wie das Streaming (Übertragung von Video- oder Tonmaterial) wurde das Internet – und somit auch die Webbrowser – zu einem gefragten Unterhaltungsmedium. Webbrowser werden heute für Fernsehen, Radio hören, Nachrichten lesen, Fotoalben ansehen, Briefe schreiben, Computerspiele spielen und vieles mehr verwendet und sind zu dem in der Regel kostenlos. Es gibt eine Vielzahl an unterschiedlichen Browsern. Aus heutiger Sicht setzen sich dabei fünf Browser deutlich vom Rest ab, weshalb in allen weiteren Kapiteln, sowie in den meisten Browservergleichen im Internet, mit der Bezeichnung „Browser" immer die folgenden Vertreter zu verstehen sind: Apple Safari, Google Chrome, Microsoft Internet Explorer, Mozilla Firefox und Opera.

All diese Vertreter haben unterschiedliche Stärken und Schwächen. Sie werden permanent weiterentwickelt und unterstützen unterschiedlich viele Funktionen in unterschiedlicher Art und Weise. Moderne Webapplikationen sollen jedoch von allen Browsern zu jeder Zeit gleichermaßen korrekt interpretiert werden können. Das stellt für Webentwickler oftmals eine große Herausforderung dar. Sofern nicht extra deklariert, ist in dieser Arbeit von der aktuellsten Version des jeweiligen Browsers auszugehen. Eine Ausnahme ist hier der Internet Explorer, da sich dessen Versionssprünge maßgeblich voneinander unterscheiden, während bei den anderen Vertretern teilweise nur marginale Änderungen vorgenommen wurden. Aus diesem Grund wird in dieser Arbeit die Versionsnummer für Microsoft Internet Explorer immer mit angegeben.

3 Entwicklung von Responsive Web Applications

Responsive Web Applications können schnell komplexe Konstrukte werden. Anders als bei unflexiblen Webanwendungen gilt es, eine bestimmte Menge von Umgebungsvariablen permanent zu beobachten und entsprechende Reaktionsmuster für deren Werte vorzubereiten. Die Übernahme von Entwicklungsroutinen unflexibler Webanwendungen für die Entwicklung reagierender Webanwendungen kann für die Entwickler nicht nur zeitintensiv, sondern auch demotivierend sein. Es ist um ein Vielfaches aufwändiger, eine für Desktop Computer optimierte Webanwendung im Nachhinein für mobile Endgeräte zu optimieren, als umgekehrt (Wroblewski, 2012). Mit dem Ansatz „mobile first", der besagt, dass man bei reagierenden Webdesigns zuerst für mobile Endgeräte konzipieren soll, zwingt man sich selbst in andere Denkmuster und fokussiert sich auf wichtige Inhalte anstelle von ablenkenden Füllelementen. Im folgenden Kapitel werden Methoden behandelt, die sich besonders für die Entwicklung reagierender Webanwendungen eignen. Es werden zudem der Unterschied zwischen Responsive Webdesign und Responsive Web Applications erörtert und Anforderungen, Problemstellen sowie unterstützende Frameworks von Drittanbietern näher betrachtet.

3.1 Responsive Web Design

Das Design einer Webapplikation ist sehr entscheidend für das Nutzererlebnis. Reagierende Webapplikationen brauchen demnach auch ein reagierendes Design. „**Responsive web design (RWD)** is the practice of making a website's layout change depending on what device and/or resolution the website is being viewed on." (Simmons, 2013, S.3). Das Responsive web design beschränkt sich demnach auf die Optik in Bezug auf die Auflösung des Ausgabegerätes und lässt dabei die Funktionalität und den Nutzerkontext außen vor.

Mit der starken Verbreitung des Internetzuganges über mobile Endgeräte wird Responsive Web Design immer gefragter und Webentwickler suchen nach Wegen, diese Designs für alle Geräte optimal umzusetzen. Die größte

Schwierigkeit dieser Aufgabe liegt nach wie vor in der Menge an unterschiedlichen Bildschirmgrößen und Auflösungen. Ein angefertigtes Design, etwa in Form einer Photoshop Datei, kann in der Praxis nicht alle verfügbaren Ausgabegeräte und deren Bildschirmauflösungen berücksichtigen, da der Aufwand dafür unangemessen hoch wäre. Webdesigner bedienen sich oftmals einer groben Kategorisierung in Desktop Computer, Tablet und Smartphone. In Abbildung 2 sehen Sie diese grobe Kategorisierung Anhand des Praxisbeispiels der Website der Forstverwaltung Steyrling – Schaumburg Lippe.

Abbildung 2 - Darstellung des Praxisbeispiels auf Apple iMac, iPad und iPhone

Details wie orientierungsbedingte Layout Änderungen (Hoch- oder Querformat) sowie das Wegfallen von Hovereffekten und dafür vorgesehene Elemente werden nur selten vollständig im Design abgebildet. In der Praxis werden solche Belange entweder mündlich besprochen oder rudimentär (beispielsweise als zusätzliche, ausblendbare Ebene in Adobe Photoshop) skizziert.

Ethan Marcotte (2010), ein Pionier im Responsive Web, sieht die Lösung des eigentlichen Problems jedoch nicht allein in der optischen Umgestaltung der Webapplikation, indem man Elemente ausblendet, die Größe verändert oder sie anders anordnet um dem Display zu entsprechen. Mit seinem Vorschlag: *„if the user goals for your mobile site are more limited in scope than its desktop equivalent, then serving different content to each might be the best approach."* äußert der Webentwickler Gedanken über die Intention des Nutzers im Augenblick der Nutzung. So könnte man vermuten, dass auf einem mobilen Endgerät beispielsweise nach Standorten und Öffnungszeiten gesucht wird, während auf dem Desktop das Produktangebot und deren Rezensionen auf Interesse stoßen. Marcotte schafft damit den grundlegenden Ansatz, sich nicht auf das Ausgabemedium, sondern auf den Benutzer zu fokussieren. Hierin unterscheidet sich das Responsive Web Design von Responsive Web Applications.

3.2 Responsive Web Applications

Als Webanwendung oder Webapplikation bezeichnet man alle Anwendungen, welche man mit Web Technologien erstellt, und mit einem Browser über ein Netzwerk (Web) benutzt (Remick 2011). Als Webanwendungen können Gästebücher, Blogs, Websites oder auch ganze Customer Relationship Management Systeme bezeichnet werden. Weder Komplexität noch Umfang spielen dabei eine Rolle.

Bei der Entwicklung von reagierenden Webanwendungen muss man, anders als beim reagierenden Design, auch auf technische und funktionale Umgebungsvariablen achten. Das reagierende Design ist somit nur ein Teil einer reagierenden Webapplikation. Die Praxis zeigt, dass es zielführend ist, vorweg möglichst wenige Annahmen über das verwendete Device zu treffen, da diese sich, scheinen sie auch noch so schlüssig, nicht bewahrheiten müssen. Kapert (2013) äußert dazu folgende Gedanken:

"From the lessons we've learned so far, we mustn't assume too much.
For instance, a small screen is not necessarily a touch device. A
mobile device could be over 1280 pixels wide. And a desktop could

have a slow connection. We just don't know. And that's fine. This
*means we can **focus on these things separately without making***
***assumptions**: that's what responsiveness is all about."*

Kapert gibt damit einen einfachen Grundgedanken, der dabei helfen soll, Webapplikationen einmal zu schreiben und gleichzeitig überall lauffähig zu machen. Durch die Distanzierung von Vorannahmen können sich Webentwickler vom Fokus auf Ausgabegeräte lösen und den Benutzer mit einzelnen Umgebungsvariablen in Betracht ziehen – ähnlich wie es auch Marcotte (2010) beschreibt. Dadurch werden einzelne Bedürfnisse individuell behandelt, sodass auch eine Kombination unterschiedlicher Bedürfnisse keine Herausforderung darstellt.

Seit der Einführung von **media queries** ist es ein immer seltener beschrittener Weg, Webapplikationen in einer separaten, beispielsweise für Mobiltelefone optimierten Form, anzubieten. Durch diese neue Technologie laosen sich sämtliche Formatierungen speziell auf die zutreffenden Umgebungsvariablen (z.D. Touch-Kompatibilität) mit dem Ziel, dem Nutzer die bestmögliche Erfahrung zu bieten, optimieren. Eine reagierende Webapplikation zeichnet sich demnach durch **eine optimierte Ein- und Ausgabe für das verwendete Device** aus, ohne dabei spezifisch für unterschiedliche Devices ausgelegt zu sein. Je nach Ausgabeformat ändert sich die Darstellung, die Bedienung und damit einhergehend das Nutzererlebnis.

Die Vielfalt an Ausgabemedien nimmt derzeit rasant zu. Was schnell in den Hintergrund gerät ist, dass mit der Vielfalt der Ausgabemedien auch die Vielfalt der Eingabemöglichkeiten im selben Tempo zunimmt. In ihrem Buch „Jump Start – Responsive Web Design" weisen Sharkie und Fisher (2013) auf diese Thematik hin. Nicht zuletzt weil die Interfaces (Deutsch: Benutzerschnittstellen) zunehmend unsichtbar und natürlich werden, müssen Applikationen nicht mehr nur mit Maus und Tastatur, sondern unter anderem auch mit Touchgesten und Spielkonsolenkontroller bedient werden können. Das steigende Interesse an Apple's Siri[5] und Neuheiten in Google TV[6] zeigen, dass auch Sprachsteuerung bereits zum Stand der Technik gehört.

---

[5] Mehr Information unter http://www.apple.com/ios/siri/
[6] Mehr Information unter https://www.google.com/tv/

Reagierende Webanwendungen sind in der Entwicklung in der Regel komplexer als umfangsähnliche unflexible Webanwendungen. Da es sich um eine relativ junge Thematik handelt, gibt es noch Verbesserungspotential und Problemstellen, die bisher nur teilweise gelöst werden können.

3.3 Anforderungen und Problemstellen

„Responsive" bedeutet für eine Webapplikation, dass diese reagierend auf Hard- und Software des verwendeten Devices ein optimiertes Ergebnis liefert. Dass das Web aufgrund seiner Vielseitigkeit und Flexibilität dabei eine Besonderheit ist, beschreibt Van Gemert (2013) mit den Worten:

> "The Web has always been a weird, borderless, flexible medium. In the last couple of years, we've started to realize that designing for **this medium is fundamentally different from the design work we've done previously.** The fixed dimensions and singular ways of interacting that formed the basis of all types of media that we've worked with for centuries just don't work on the Web. This truly is a unique medium."

Jede Benutzung einer Applikation kann mit einer Menge an Umgebungsvariablen beschrieben werden. Eine der entscheidenden Variablen ist die Bildschirmauflösung. Es gibt aber auch andere Parameter, wie z.B. den verwendeten Browser. Je nach Applikation kann es erforderlich sein, dass z.B. auch Microsoft Internet Explorer in der Version 8 oder älter unterstützt werden soll. Solche Anforderungen stellen Hindernisse für die Entwickler dar, da die Unterstützung moderner Technologien wie CSS3 oft nicht gegeben ist. Ein großes Problem für reagierende Webanwendungen ist dabei, dass media queries erst mit CSS3 eingeführt wurden und somit von älteren Browsern nicht unterstützt werden (Murphy, Clark, Studholme & Manian, 2012). Kompatibilitätsprobleme dieser Art müssen mit sogenannten „Workarounds" oder durch die Zuhilfenahme von Frameworks umgangen oder gelöst werden. Um dem genannten Problem zumindest ansatzweise entgegenzutreten, kann man beispielsweise das JavaScript Framework „respond.js"[7] (das Modernizr

---

[7] Mehr Information unter https://github.com/scottjehl/Respond

Framework kann respond.js inkludieren) einbinden. Durch diese Erweiterung kann in Microsoft Internet Explorer 6, 7 und 8 die fehlende Kompatibilität für minimale und maximale Breitenangaben in media queries bereitgestellt werden. Mit respond.js werden jedoch keine weiteren media query Parameterabfragen unterstützt.

Ein weiteres Problem in der Anwendungsentwicklung können **Texte** sein. Die Formatierung von Fließtext bleibt in der Regel in der gesamten Webanwendung einheitlich. Größe, Farbe und Schriftschnitt sollten auf Lesbarkeit und Ästhetik optimiert sein. Problematisch können aber stilistische Schriftelemente wie z.B. große Überschriften, die Bildhaft wahrgenommen werden, sein. Anders als Bilddateien, kann man Schriftgrößen nicht in Prozent, also abhängig von der verfügbaren Fensterbreite, definieren. Schriftgrößen lassen sich zudem nicht stufenlos verändern. Ein Schriftzug, der über den halben Bildschirm eines Notebooks geht, kann auf einem Smartphone viel zu groß und unlesbar erscheinen und ungewollte Umbrüche erzwingen. Dei Anwendungen mit dahinterliegendem CM3, wie die Website der Forstverwaltung Steyrling eine ist, kann man in der Entwicklung zusätzlich nicht vorhersagen, wie lang der ausgegebene Text sein wird, da der Autor den Text jederzeit und nach seinen Ansprüchen verändern kann. Ein Beispiel ist der Willkommensschriftzug auf der Startseite der Forstverwaltung Steyrling (sichtbar in Abb. 4). Es ist unmöglich eine allgemeingültige Regel zu definieren, nach welcher die Webapplikation eine korrekte Darstellung **in Textform** auf jedem Device sicherstellt. Die unbestimmte Wortlänge in Verbindung mit der unbestimmten Breite des verwendeten Devices birgt das Potential einer ungewünschten Ausgabe. Ein Lösungsansatz kann eine dynamische Bildgenerierung mittels PHP (eine serverseitige Programmiersprache) sein. Dabei wird ein Schriftsatz in Form einer .ttf (TrueType-Font) Datei sowie der gewünschte Text über PHP zu einer Bilddatei umgewandelt. Diese Bilddatei kann dann an die Eigenschaften des Ausgabegerätes angepasst werden. Der Nachteil dieser Variante ist, dass das Laden einer Bilddatei aufwändiger als das Laden von Text ist.

Mit dem Wissen, was Responsive Web Design von Responsive Web Applications unterscheidet, worin die Anforderungen an eine reagierende Webanwendung bestehen und welche Bereiche Probleme bereiten können, ist das Grundverständnis für die Entwicklung von Responsive Web Applications gegeben. Für die Entwicklung gibt es unterschiedliche Vorgehensmethoden.

3.4 Vorgehensmethoden bei der Entwicklung

Ein wichtiges Merkmal reagierender Webanwendungen ist ihre Nutzungsbezogenheit. Sie sollen die Benutzer zur Zeit der Anwendung bestmöglich in ihren Vorhaben unterstützen und reagieren zu diesem Zweck auf die Umgebungsvariablen des verwendeten Devices. Diese Eigenschaft ist es, die Webdesigner und Webentwickler zu anderen Vorgehensweisen in der Entwicklung **reagierender** Anwendungen drängt. Die Intention der Nutzer ist nicht bei jeder Sitzung dieselbe. Während Desktop Computer meist in abgeschlossenen Räumen bedient werden, konstante Stromversorgung und eine konstante Netzwerkanbindung haben, können Smartphones überall bedient werden, begrenzt mit Strom versorgt sein und unter Empfangsstörungen leiden. Smartphones können aber ebenfalls in abgeschlossenen Räumen bedient werden, konstant mit Strom versorgt sein und mittels Wireless LAN über eine schnelle, konstante Netzwerkanbindung verfügen. Aus diesem Grund sollen keine Vorannahmen getroffen, sondern auf die aktuell gültigen Parameter reagiert werden. Mit Hilfe von media queries können diese Parameter abgefragt werden, um Informationen über den Anwendungskontext zu erhalten. Dem Benutzer sollen **die für seinen Anwendungsfall nötigen Inhalte** präsentiert werden (Kapert, 2013; Marcotte 2010; Wroblewski, 2012).

Zur Umsetzung dieses Grundprinzips kann man sich an die Vorgehensweise „mobile first" halten. Sie unterstützt das Fokussieren der nötigen Inhalte.

3.4.1 Mobile First

Die Vorgehensmethode „Mobile First" verlangt, dass zuerst für mobile Endgeräte entwickelt werden soll, um den Fokus für den relevanten Inhalt zu behalten. Auf mobilen Geräten ist meist kein Platz für lückenfüllende Zusatzinformationen – man reduziert die Anwendung auf das Wesentliche. Beginnt man schon bei der Konzeption mit mobilen Endgeräten, so kann sich das vorteilhaft für die

Darstellung auf anderen Devices wie z.B. Desktop Computern auswirken, da die Nutzer ein aufgeräumtes und reduziertes Design mit Fokus auf die relevanten Inhalte vorfinden. Der ehemalige Yahoo! Designarchitekt Luke Wroblewski ist Experte für mobile web. In seinem Buch „Mobile First" beschreibt Wroblewski (2012, S. 5) die Vorteile von mobile first mit dem Satz: „*designing for mobile first not only prepares you for the explosive growth and new opportunities on the mobile internet, it forces you to focus and enables you to innovate in ways you previously couldn't.*" In Voraussicht auf den steigenden Nutzungsanteil von Webanwendungen über mobile Endgeräte sieht Wroblewski einen großen Vorteil von mobile first darin, dass man mit dieser Vorgehensmethode bereits jetzt auf diesen steigenden Anteil vorbereitet ist. Der mobile Markt entwickelt sich rasant, da es fast täglich Neuerungen gibt. Mobile first soll Entwicklern und Designern dabei die Augen für neue Möglichkeiten und Chancen öffnen. Mit den Worten „*it forces you to focus*" beschreibt er die Reduktion auf die wesentlichen Inhalte, zu der man gezwungen wird, wenn man für mobile Geräte konzipiert. Diese Reduktion soll das Gesamtnutzungserlebnis verbessern. Ein fiktives Negativbeispiel wird in Abbildung 3 abgebildet:

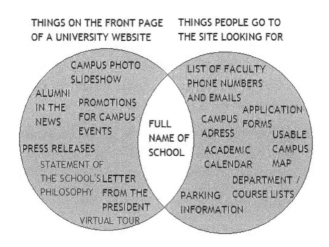

Abbildung 3 - Unversitäts Website

Das fiktive Negativbeispiel einer Universitätswebsite zeigt, was durch das Entwickeln nach dem Ansatz von mobile first vermieden werden kann. Beginnt man bei der Konzeption bereits gedanklich bei kleinen Anzeigegeräten mit beschränkter Bedienperipherie und womöglich eingeschränkter Bandbreite, erscheint es logisch, Inhalte wie die virtuelle Tour oder die Campus Bildergalerie weniger Wichtigkeit zuzusprechen. Mit mobile first versetzt man sich bereits im Designprozess in die Lage eines Benutzers in einem konkreten Anwendungsfall und man erhält eine andere Sichtweise. Eine Liste von Telefonnummern und Adressen sowie ein Lageplan erscheinen so um einiges relevanter. Wroblewski (2012, S. 19) bringt diese Problematik und die Konsequenz daraus auf den Punkt:

> *"You have to make sure that what stays on the screen is the most important set of features for your customers and your business. There simply isn't room for any interface debris or content of questionable value. You need to know what matters most."*

Für das Beispiel aus Abbildung 3 bedeutet das, dass die Entwickler einer Universitätswebsite ihren Fokus auf die Anwender setzen und den Inhalten, die für diese von Bedeutung sind, Vorrang geben sollen. Sie müssen wissen, was für die Nutzer am wichtigsten ist.

Mobile first besagt zusammengefasst, dass bereits die Konzeption von reagierenden Webanwendungen bei mobilen Endgeräten beginnen soll, um für alle Geräte ein besseres Nutzererlebnis des Anwenders zu erzielen. Ein ähnlicher Ansatz ist die Vorgehensmethode „Progressive Enhancement", worin nicht die Größe, sondern die unterstützten Funktionen der Devices beachtet werden.

3.4.2 Progressive Enhancement und Gracefull Degradation

JavaScript kann heute von fast allen Browsern interpretiert werden. Die meisten Browser bieten zusätzlich eine Option, JavaScript zu deaktivieren, auch wenn bereits begonnen wird, diese Option wieder zu entfernen. Durch diesen Umstand kann man sich nicht auf das Interpretierbarkeit von JavaScript verlassen, da sonst fehlerhafte Darstellungen möglich sind.

Die Vorgehensmethode „Progessive Enhancement" entsprang aus der JavaScript-Problematik und gibt in seinen Grundzügen vor, eine Webanwendung so zu entwickeln, dass sie auch ohne JavaScript funktioniert, jedoch bei aktivierter JavaScript Interpretation zusätzliche Funktionalität oder verbesserte Optik bietet. Der Auslöser für diese Denkweise waren Webanwendungen, welche nur von bestimmten Browsern oder Browserversionen korrekt dargestellt werden konnten und somit eine unbestimmte Menge an potentiellen Nutzern (und in weiterer Folge Kunden) ausschlossen. Von der Anwendungsentwicklung mit Progressive Enhancement erwarten sich Goodman, Morrison, Novitski und Gustaff Rayl (2010, S. 23) aber auch andere positive Effekte: *„On top of that, your scripting efforts can give visitors with recent scriptable browsers a more enjoyable experience – better interactivity, faster performance, and a more engaging presentation."* Hier finden die beiden Vorgehensmethoden "Progressive Enhancement" und "mobile first" ihre Gemeinsamkeiten. Beide Methoden versuchen sich auf den kleinsten gemeinsamen Nenner zu beschränken und die Webanwendung für diesen zu Entwickeln. Zeitgleich sollen durch dieses Vorgehen Benutzer eines besseren Devices eine reduziertere, performantere Anwendung vorfinden.

Das Gegenteil von „Progressive Enhancement" ist der Ansatz „Gracefull Degradation", bei dem die Entwickler sogenannte „fall-backs" (Deutsch: Ersatzfunktion oder auch „Plan B") für fehlende Unterstützungen zur Verfügung stellen. Die Anwendung wird dabei primär für moderne Browser entwickelt und setzt die Unterstützung verwendeter Technologien voraus. Für einzelne potentielle Fehlerstellen müssen im Nachhinein diverse fall-backs zur Unterstützung älterer Browsersoftware implementiert werden (Goodman et al. 2010).

Beide Methoden wurden entwickelt, um Anwendungen unabhängig von der verwendeten Browsersoftware lauffähig zu machen. Der Ansatz „Progressive Enhancement" ist für reagierende Webanwendungen zu bevorzugen, da die Anzahl an benötigten fall-backs zum einen ungewiss und zum anderen instabil ist. Nach der Veröffentlichung der Anwendung können neue Geräte erscheinen, die neue fall-backs benötigen. Die Vorgehensmethode „Gracefull Degradation" ist demnach für reagierende Webanwendungen nicht zu empfehlen.

3.5 Unterstützende Frameworks

Code ist problemlos vervielfältigbar und wiederverwendbar. Diese Eigenschaft unterscheidet Code als Ressource von vielen physikalischen Ressourcen. Das Handwerk der Programmierung bedient sich dieser Eigenschaft gezielt und manche Entwickler programmieren nur mit dem Ziel, wiederverwendbare Codestücke für andere Programmierer zu erstellen. Sie konstruieren Frameworks, die unterstützend in der Entwicklung von Applikationen verwendet werden können.

John Resig veröffentlichte 2006 das JavaScript Framework „jQuery", was sich weltweit bei Entwicklern großer Beliebtheit erfreut. W3techs (2014) meint dazu in einer Statistikauswertung: *„jQuery is used by 92.9% of all the websites whose JavaScript library we know. This is 57.4% of all websites."* jQuery ist somit das meistgenutzte JavaScript Framework, aber nicht das einzige.

3.5.1 jQuery

Mit dem Slogan *„write less, do more"* bewirbt die jQuery Foundation ihr Produkt, das JavaScript Framework "jQuery".

> *"jQuery is a fast, small, and feature-rich JavaScript library. It makes things like HTML document traversal and manipulation, event handling, animation, and Ajax much simpler with an easy-to-use API that works across a multitude of browsers. With a combination of versatility and extensibility, jQuery has changed the way that millions of people write JavaScript."* (jQuery, 2014).

jQuery erleichtert die Entwicklung von Webanwendungen enorm. Die Verwendung vermindert nicht nur den Schreibaufwand, sondern auch den Denkaufwand. jQuery bietet umfangreichen Browsersupport, was dem Entwickler diese Arbeit abnimmt. Browsersupport bedeutet, dass viele fall-backs für ältere Browser bereits enthalten sind. Die jQuery Foundation ist früh auf den Zug des Responsive Web aufgesprungen. Schon 2010 wurde die erste Version von jQuery mobile veröffentlicht. Die mobile Variante wird von Webentwicklern oft gelobt und weiterempfohlen.

„jQuery Mobile framework takes the "write less, do more" mantra to the next level: Instead of writing unique applications for each mobile device or OS, the jQuery mobile framework allows you to design a single highly-branded responsive web site or application that will work on all popular smartphone, tablet, and desktop platforms." (jQuery Mobile, 2014).

Für die Entwicklung von Responsive Web Applications bietet jQuery Mobile umfassende Unterstützung. Das Framework kümmert sich um Eigenheiten der Plattformen, wie zum Beispiel Unterschiede zwischen iOS und Android, um die sich die Entwickler nicht mehr kümmern müssen. Touch steht als neues zentrales Bedienelement im Vordergrund und wird entsprechend unterstützt. Während jQuery den Entwicklern viele Aufgaben abnimmt, dienen andere Frameworks dazu, leichter an Informationen über das verwendete Device zu gelangen. Ein solches Framework ist z.B. das Modernizr Framework[8]. Es wird oft in der Entwicklung von Responsive Web Applications verwendet,

3.5.2 Modernizr

Das Modernizr Framework zeichnet sich durch seine Unterstützung der Vorgehensmethode „Progessive Enhancement" aus. Ähnlich wie bei jQuery werden den Entwicklern Unterstützungen in der plattformunabhängigen Entwicklung geboten. Das Framework fragt dabei die unterstützten Features des verwendeten Browsers ab. Wird ein Feature unterstützt, so kann der Benutzer die Vorteile – ganz nach dem Prinzip von Progressive Enhancement (siehe 3.4.2) – des Features nutzen.

Von reagierenden Webanwendungen wird erwartet, dass sie unabhängig vom Gerät gleichermaßen funktionsfähig, hingegen abhängig vom Gerät in ihrer Ein- und Ausgabe optimiert sind. Modernizr kann Entwicklern helfen, Unabhängigkeit von verwendeter Software wie Betriebssysteme oder Browser zu erlangen, und ist somit ein nützliches Werkzeug für die Entwicklung von Responsive Web Applications.

---

[8] Mehr Information unter http://www.modernizr.com

4 Anwendungsbeispiel Steyrling

Im folgenden Kapitel wird das Praxisbeispiel, die Website der Forstverwaltung Steyrling – Schaumburg Lippe, vorgestellt. Die Website ist eine reagierende Webanwendung mit dem Ziel, Inhalte zu präsentieren und Kontaktmöglichkeiten zu schaffen. Das Projekt wird dabei nicht zur Gänze durchleuchtet – der Fokus liegt auf problematischen Stellen in der Entwicklung sowie den beschrittenen Lösungswegen, um diesen entgegenzutreten.

4.1 Anforderungen

Die Anforderungen an die Website waren Kompatibilität bis zu einer Mindestauflösung von 320x480 Pixel bzw. 480x320 Pixel, Bedienbarkeit mit Maus/Tastatur und Touch sowie volle Wartbarkeit durch den Kunden. Volle Wartbarkeit bedeutet, dass Texte, Bilder und zum Download zur Verfügung gestellte Dateien über ein eigens programmiertes Content Management System (CMS) vom Kunden selbst erstellt, bearbeitet oder entfernt werden können. Dem Kunden stehen dabei diverse Formatierungsmöglichkeiten, wie beispielsweise die Ausrichtung des Textflusses, sowie das Erstellen von Tabellen oder Aufzählungslisten zur Verfügung. Die Website muss aus den möglichen Eingaben des Kunden eine korrekte Darstellung generieren, unabhängig von der Displaygröße, dem Betriebssystem oder dem verwendeten Browser des Ausgabegerätes. Für Browser gilt folgende Regelung: Apple Safari, Google Chrome, Mozilla Firefox und Opera sind in der jeweils aktuellsten Version zu unterstützen. Microsoft Internet Explorer soll in den Versionen 8, 9, 10 und 11 unterstützt werden.

Eine weitere Anforderung war eine Bilderübersicht auf jeder Seite zum Seitenanfang abzubilden, welche gewissen Kriterien entspricht.

4.2 Verhalten der Bilder

Für die geforderten Bilderübersichten gibt es drei unterschiedliche Varianten:

- **Variante 1:** Diese Bilderübersicht wird auf der Startseite präsentiert. Ein großes Bild nimmt in der Höhe 71.5% der verfügbaren Bildschirmhöhe nach Abzug der Menüleiste ein. Darunter sind vier nebeneinander liegende Bildlinks mit 28.5% dieser Höhe ausgelegt (siehe Abb. 4).

Abbildung 4 - Bilderübersicht Variante 1

- **Variante 2:** Diese Bilderübersicht wird bei der Landpartie abgebildet. Ein Bild wird mit einer Höhe von 50% der verfügbaren Bildschirmhöhe nach Abzug der Menüleiste platziert (siehe Abb. 5).

Abbildung 5 - Bilderübersicht Variante 2

- **Variante 3:** Diese Bilderübersicht wird auf allen weiteren Seiten abgebildet. Dabei werden vier Bilder platziert, wobei rechts und links außen jeweils ein Bild mit 37% der verfügbaren Bildschirmbreite, und in der Mitte zwei untereinanderliegende Bilder mit jeweils 26% der verfügbaren Bildschirmbreite platziert sind. Diese Bilderübersicht bedient sich ebenso an 50% der verfügbaren Bildschirmhöhe nach Abzug der Menüleiste wovon die zwei untereinanderliegenden Bilder wieder jeweils 50% erhalten (siehe Abb. 6).

Abbildung 6 - Bilderübersicht Variante 3

Alle Bilder sind durch den Kunden wartbar und passen sich dem verfügbaren Platz automatisch und zur Laufzeit an. Die genannten Regeln können aus technischer Sicht immer eingehalten werden. Das kann jedoch, je nach Bildschirmauflösung, zu einer unvorteilhaften Optik führen. Aus diesem Grund werden bei Fensterbreiten zwischen 768px und 1080px die mittleren Bilder aus Bilderübersichten der Variante 3 entfernt. Bei Bildschirmbreiten unter 768px wird zusätzlich das linke Bild entfernt. Befindet sich das Ausgabegerät (mit einer Bildschirmbreite unter 768px) im Querformat, so wird die gesamte Bilderübersicht entfernt. Der Grund dafür ist das **Seitenverhältnis** der Bilder. Bei einem Ausgabegerät mit einer Auflösung von 1366x768 Pixel kann z.B. das rechte Bild einer Bilderübersicht der Variante 3 theoretisch 505x342 Pixel (Die Menühöhe für diese Auflösung beträgt 85px) messen (dazu müsste eine Vollbildausgabe ohne Scrollbalken erzwungen werden). Das entspricht einem Seitenverhältnis von etwa 1:1,5, was das Bild sehr natürlich wirken lässt. Bei einem iPhone im Querformat mit einer Auflösung von 320x480 Pixel hingegen wäre das Ergebnis theoretisch ein Bild mit 480x133 Pixel. Das entspricht einem Seitenverhältnis von 1:3,6 und sieht entsprechend in die Länge gezogen aus. Der Effekt wird zusätzlich verstärkt, da Browser meist eine Adressleiste am oberen Fensterrand platzieren, was die innere Fensterhöhe nochmal reduziert. Aus demselben Grund werden die vier kleinen Bilder einer Bilderübersicht der Variante 1 bei Ausgabegeräten mit einer Bildschirmbreite von weniger als 768px im Querformat in zwei Zeilen (siehe Abbildung 7) bzw. im Hochformat gar nicht ausgegeben.

Abbildung 7 - Bilderübersicht Variante 1 auf einem Smartphone

Die Bilder der Bilderübersichten verändern also ihre Größe in Abhängigkeit zur Fenstergröße. Eine zusätzliche Anforderung war es, dass Bilder nicht verzerrt werden dürfen. Das Seitenverhältnis der Originalbilddatei darf also nicht verändert werden. Zur Lösung dieses Problems wurden die Bilder nicht mit einem <img> Tag eingefügt. Für jedes Bild wurde anstatt dessen ein <div> Tag mit der CSS-Klasse „HeaderGalleryImageInner" ausgegeben, welcher über PHP ein Hintergrundbild zugewiesen bekam. Hintergrundbilder bringen im Responsive Web gegenüber normalen Bildern mehrere Vorteile: Zum einen wird das Originalbild nur geladen, wenn das Hintergrundbild wirklich ausgegeben wird (man kann also mit dem Attribut display:none das Laden der Originalbilder verhindern und damit die Ladezeit verkürzen) und zum anderen gibt es für Hintergrundbilder in CSS einige hilfreiche Formatierungsattribute. Durch das Attribut „background-size" wird die Größe des Hintergrundbildes bestimmt. Diese kann absolut in Pixel, relativ in Prozent oder mit den Werten „cover" oder „contain" definiert werden. Setzt man das Attribut background-size auf „cover", so wird das Hintergrundbild auf die Größe skaliert, die es benötigt, um das Element vollständig zu auszufüllen (siehe Headerbild in Abbildung 8). Da das Seitenverhältnis der Bilddatei dabei nicht verändert wird, kann es sein, dass Teile des Bildes nicht sichtbar sind, sie wirken dann wie abgeschnitten.

Abbildung 8 - background-image: cover

Setzt man das Attribut background-size auf „contain", so wird das Hintergrundbild auf die Größe skaliert, die maximal möglich ist, wenn das Bild zur Gänze sichtbar sein soll (siehe Headerbild in Abbildung 9).

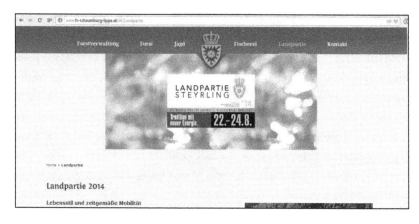

Für das gewünschte Ergebnis wurde das background-size Attribut des Headerbildes der Landpartie demnach auf „cover" gesetzt. Für reagierende Webanwendungen empfiehlt es sich oft, Hintergrundbilder mit dem Attribut background-position zu zentrieren. Andernfalls kann ein ungewünschtes Ergebnis, etwa weil das Bild nur an einer Seite abgeschnitten wird (bei cover) oder Leerräume nur an einer Seite entstehen (bei contain), auftreten.

4.3 Das Reagieren auf Umgebugsvariablen

Das grundsätzliche Unterscheidungsmerkmal zwischen reagierenden und unflexiblen Webanwendungen ist die Reaktion auf das verwendete Device. Die Website der Forstverwaltung Steyrling reagiert demnach auf den Benutzer und optimiert die Darstellung der Website für das Ausgabegerät, welches zum Surfen benutzt wird. Da die Anforderung an das Praxisbeispiel, eine reagierende Website zu werden, erst im Nachhinein dazukam, wurde nicht nach der Vorgehensmethode „mobile first" gearbeitet. Alle Standardwerte sind demnach für Desktop Computer mit einer Mindestbreite von 1080px ausgerichtet. Für kleinere Ausgabegeräte wurden entsprechende Verhaltensmuster vorbereitet.

Im Groben unterscheidet die Website zwischen Desktop Computer, Tablet und Smartphone. Dafür wurden Grenzwerte bestimmt, die in der Werbeagentur ABM als Richtwert definiert werden. Diese Grenzwerte werden mittels CSS3 media queries abgefragt.

```
1 @media only screen and (max-width: 767px) {
2     /* Formate für Smartphones */
3 }
4 @media only screen and (min-width:768px) and (max-width:1079px){
5     /* Formate für Tablets und PCs mit niedriger Auflösung */
6 });
```

In Zeile 1 des CSS Codebeispiels steht das verwendete media query für Smartphones. Als Smartphone gelten **hierbei** alle Geräte mit einer Fensterbreite unter 768px. In Zeile 3 des CSS Codebeispiels steht das verwendete media query für Tablet PCs und PCs mit niedriger Auflösung. Hierbei gelten alle Geräte mit einer Fensterbreite zwischen 768px und 1079px. Zur Erklärung: Im Originaldesign erhielt der Contentbereich eine Breite von 1080px. Um dieses Design nicht verwerfen zu müssen, wurden die Reaktionsparameter angepasst.

Wie in 4.2 Bilder erwähnt, wird auch die Orientierung des Ausgabegerätes abgefragt, beispielsweise um die Bilderübersicht im Querformat auszublenden. Die Orientierung kann über das media query Attribut „orientation" abgeprüft werden. Jedoch soll die Überprüfung zur Laufzeit erfolgen, da ein Wechsel der Orientierung ein neu Laden der Seite nicht erzwingt. Um dieses Problem zu lösen, wurde die JavaScript Bibliothek enquire.js verwendet. Auf diese Weise kann man die Umgebungsvariablen in ähnlicher Form wie mit media queries zur Laufzeit per JavaScript auslesen und entsprechende Reaktionen einleiten.

```
1 $(window).resize(function(){
2   enquire.register("all and (max-width:767px) and (orientation:landscape)",{
3     $("body").removeClass("portrait")
4         .removeClass("tablet")
5         .removeClass("desktop")
6         .addClass("mobile")
7         .addClass("landscape");
8   });
9 });
```

In Zeile 1 des JavaScript Codebeispiels wird mit Hilfe der JavaScript Bibliothek jQuery definiert, dass beim Verändern der Fenstergröße der nachstehende Anweisungsblock (Zeilen 2-8) ausgeführt werden soll. Zeile 2 ruft die Funktion „register" des enquire.js Frameworks auf und übergibt die Abfragekriterien. In diesem Fall wird überprüft, ob die Fensterbreite des Device nicht größer als 767px und die Orientierung landscape, also Querformat ist. Trifft das zu, wird die Anweisung der Zeilen 3-7 ausgeführt. Dabei wird das HTML Element „body" über die Schnittstelle DOM selektiert. Dem body Element werden zuerst die CSS Klassen „portrait", „tablet" und „desktop" entfernt – ob es sie besitzt oder nicht. Im Anschluss werden die CSS Klassen „mobile" und „landscape" hinzugefügt. Da das <body> Element des HTML Dokumentes hierarchisch über der Bilderübersicht steht, kann man dieses nun als Selektionskriterium in CSS verwenden und mit folgendem Codestück die Bilderübersicht für Smartphones im Querformat deaktivieren.

```
1 .mobile.landscape #HeaderimagesContainer{
2     display: none;
3 }
```

Codebeispiel 9 – Ausblenden eines HTML Elementes

In dieser Form werden alle Veränderungen zur Laufzeit beobachtet. Verändert sich die Fenstergröße, wird mittels enquire.js auf diverse Parameter überprüft und im Anschluss entsprechend ein Set an CSS Klassen entnommen und vergeben. Das entsprechende Layout für diese CSS Klassen ist bereits im Vorfeld im Stylesheet definiert.

4.4 Ergebnis

Die Website erfüllt alle Anforderungen des Kunden. Gängige Desktop Computer, Tablets und Smartphones können die Website angepasst ausgeben. Alle Browser bis inklusive Microsoft Internet Explorer 9 können die Website korrekt darstellen. Da die Anforderung, die Website reagierend umzusetzen, erst im Nachhinein gestellt wurde, ging man bei der Entwicklung Kompromisse ein um das gefertigte Design nicht verwerfen zu müssen. So benötigt beispielsweise die Navigation über das Menü bei Devices, die „Hover"[9] nicht unterstützen, einen zusätzlichen Klick oder Touch um Menüpunkte zweiter Ebene anzuzeigen. Probleme bereitet auch die Einheitlichkeit des Schriftbildes, da der Kunde die Möglichkeit hat, Attribute wie die Textausrichtung zu ändern. Wird diese Möglichkeit genutzt, zeigen alle Geräte den Text beispielsweise mit der selben Ausrichtung an, ungeachtet dessen, ob diese für das verwendete Gerät optimal ist, oder nicht. Insgesamt verbucht ABM das Projekt als einen Erfolg, nicht zuletzt, weil bereits Erweiterungen der Website in Auftrag gegeben wurden.

---

[9] Hover bedeutet, dass der Mauszeiger über einem Element schwebt.

5 Zukunftsausblick

Das Web entwickelt sich so schnell weiter wie kaum ein anderes Medium und die Entwicklung nimmt täglich an Geschwindigkeit zu. Sichere Trendprognosen für die nächsten fünf Jahre zu stellen ist in vielen Bereichen bereits unmöglich. Das folgende Kapitel soll einen Ausblick auf anstehende Entwicklungen geben und damit Ansatzpunkte für weiterführende Arbeiten bieten. Das Responsive Web ist noch nicht ausgereift, doch Neuerungen stehen bereits in der Entwicklung.

5.1 Entwicklung der Webtechnologien

Zum derzeitigen Stand sind die Möglichkeiten des Responsive Webdesigns noch nicht völlig ausgereizt. Es gibt noch einige Problemstellen, die es zu bewältigen gilt, wie beispielsweise Bilder. Momentan werden Bilder in der Praxis aufgrund mangelnder Möglichkeiten prozentual skaliert, zugeschnitten oder ausgeblendet. Das Problem dabei ist, dass dadurch lediglich die Präsentation der Bilddatei verändert wird, während das eigentliche Bild im HTML Dokument unverändert bleibt. Das bedeutet, dass in jedem Fall das Originalbild in voller Größe geladen wird, was bei langsameren Netzwerkverbindungen, wie sie häufig bei mobilen Endgeräten bestehen, zu Verzögerungen und in weiterer Folge zu einem verschlechterten Nutzererlebnis führen kann (Firdaus, 2013).

Abhilfe für dieses Problem soll in Zukunft das <picture> Element schaffen, welches derzeit von der World Wide Web Consortium Responsive Image Community Group [W3CRICG] entwickelt wird. Die Idee des neuen HTML Elementes ist es, anstelle einer einzigen Quelle eine Liste an möglichen Quellen für eine Bilddatei anzugeben. Die W3CRICG (2013) gibt dazu folgende Definition:

> "The picture element represents a list of sources of image data and associated attributes that define when an image should be used. Image data sources may be explicitly declared based on media queries or can be suggested to the browser via the srcset attribute on the picture element .... The source element is a child of the picture element and extends the existing source element. Each source

[33]

defines one or more image data sources and the conditions under which that source should be utilized. Note that all supplied sources for a given picture element SHOULD represent the same subject matter, while cropping and zooming may differ."

Dieses neue HTML Element bietet demzufolge eine Möglichkeit, abhängig von den Eigenschaften des Ausgabegerätes, eine andere Bilddatei zu referenzieren und kann somit wesentlich zur Verbesserung von reagierenden Webapplikationen beitragen.

Die Weiterentwicklung von Webtechnologien wird in erster Linie durch neue Anforderungen wie z.B. neue Hardware vorangetrieben. Neue Devices reichen dabei bereits weit über Computer hinaus. **Welche neuen Anforderungen an Webtechnologien in Zukunft gestellt werden**, könnte eine Forschungsfrage für weiterführende Arbeiten sein.

5.2 Neue Devices

Man wird schnell dazu verleitet, „Responsive Web" auf Kompatibilität mit Desktop Computer, Tablet und Smartphone zu beschränken. Internetzugang für ein Gerät zu ermöglichen ist mit dem heutigen Stand der Technik keine Herausforderung mehr. Dabei spielt es kaum eine Rolle, um welches Gerät es sich handelt. Seit der zunehmenden Vernetzung von Gegenständen und Maschinen mit dem Internet spricht man vom „Internet of Things" (IoT) (Deutsch: Internet der Dinge). Gegenstände oder Maschinen werden mit Rechen- und Kommunikationstechnologien ausgestattet und treten einem Kommunikationsnetzwerk bei. Dieses Netzwerk, kabellos oder nicht, stellt die nötigen Ressourcen zur Interaktionen zwischen Mensch und Mensch, Mensch und Maschine oder Maschine und Maschine bereit. Verbundene Geräte und Maschinen werden dabei neue Internetnutzer, die genauso Datenverkehr erzeugen. (Chaouchi, 2010)

Internet kann praktisch überall verwendet werden. Die Möglichkeiten sind nur durch unsere Vorstellungen begrenzt, beschreibt Dawson (2012, S.2):

„Forget dogs. Man's new best friend is the internet. In a short period of time, the Web has grown from being accessible solely upon a desktop or laptop with one or two browsers to begin experienced on netbooks (using one of many configurations), smartphones, and a range of other devices like TV sets! .... It can be used practically anywhere and is only limited by our imagination".

„Smartfridges", „Smart-TVs", „Smartwatches" oder Features wie „Connected Drive" von BMW zeigen, dass das Anwendungspotential groß ist. Webanwendungen werden somit auch für Kühlschränke, Fernseher, Uhren, Autos und viele anderen Maschinen relevant. Alle Geräte bringen unterschiedliche Eingabegeräte, Ausgabegeräte und Anwendungsfälle mit. Reagierende Webanwendungen werden in Zukunft noch flexibler gestaltet werden müssen, um auf allen Devices ein optimales Ergebnis zu liefern. **Das Internet der Dinge** bietet **in Verbindung mit reagierenden Webanwendungen** Potential für weiterführende Arbeiten. Aber nicht nur die Hardware und damit einhergehend die Webtechnologien entwickelt sich weiter, sondern auch die Betriebssysteme (die Softwarebasis, auf der Programme auf einem Gerät ausgeführt werden).

5.3 HTML5 Betriebssysteme

Die ersten auf HTML basierenden Betriebssysteme sind bereits auf dem Markt. Während einige davon für Desktop Computer bestimmt sind, gibt es bereits auf HTML basierende Betriebssysteme, die gezielt für Smartphones konzipiert wurden. Ein bekannter Vertreter ist Firefox OS. Für Webentwickler öffnet sich durch diese Neuheit ein neuer Markt. Geräte, die diese Betriebssysteme verwenden, können Anwendungen, die mit Hilfe von Webtechnologien erstellt wurden, ausführen. Über die verfügbaren App-Stores wie z.B. dem Firefox Marketplace können Webanwendungen direkt auf das Gerät geladen werden. Es gibt, wenn auch erst wenige, unterschiedliche Geräte, die mit Firefox OS angeboten werden. Sie bringen unterschiedliche Voraussetzungen mit. Aktuell entwickelte Anwendungen sollen auch mit neuen, besseren Geräten kompatibel sein. So ist zumindest aus technischer Sicht mit anderen Displayspezifitäten zu rechnen.

Google Chrome OS ist auch ein auf HTML basierendes Betriebssystem. Mit den sog. „Chromebooks" verkauft Google Notebooks, die auf dem eigenen Betriebssystem aufgesetzt sind. Ob und wie Google Chrome OS auch auf Smartphones und Tablets etabliert wird, bleibt derzeit noch offen. Mit dem Betriebssystem Android ist Google derzeit gut auf dem Markt positioniert, daher kann über die Zukunft von Chrome OS derzeit nur gemutmaßt werden. Diese Variable könnte als Anlass genommen werden, reagierende Webapplikationen für Chrome OS zu entwickeln.

Durch HTML Betriebssysteme können Webanwendungen auf virtuellen Marktplätzen vertrieben werden. Webtechnologien gewinnen dank dieser Entwicklung entscheidend an Bedeutung. **Die zukünftige Entwicklung von Betriebssystemen auf Webbasis in Verbindung mit Responsive Web Applications** wird hier als Ansatzpunkt und Anregung für weiterführende Arbeiten vorgeschlagen.

Literaturverzeichnis

Caouchi, Hakima (2010). *The Internet of Things: Connecting Objects.* London: ISTE [u.a.]c

Dawson, Alexander (2012). *Future-Proof Web Design.* Trent: John Wiley & Sons

Firdaus, Throig (2013). *Responsive Web Design by Example.* Birmingham: Packt Publishing

Fisher, A.; Sharkie, C. (2013). *Jump Start – Responsive Web Design.* Melbourne: SitePoint

Goodman, D.; Morrison, M.; Novitski, P.; Gustaff Rayl, C. (2010) *JavaScript Bible.* Indianapolis: John Wiley & Sons

Jacobs, I.; Le Hore, A.; Raggett, D. (1999). *HTML 4.01 Specification - W3C Recommendation 24 December 1999.* Verfügbar unter http://www.w3.org/TR/1999/REC-html401-19991224. [18. November 2013].

jQuery, (2014). *What is jQuery?.* Verfügbar unter http://jquery.com. [02. Januar 2014].

jQuery Mobile, (2014). *Seriously cross-plattform with HTML5.* Verfügbar unter http://jquerymobile.com. [02. Januar 2014].

Kapert, Lars (2013). *Facing The Challenge: Building A Responsive Web Application.* In Smashing Magazine. Verfügbar unter: http://mobile.smashingmagazine.com/2013/06/12/building-a-responsive-web-application/. [30. Dezember 2013].

Lewis, J.; Moscovitz M. (2009). *AdvancED CSS S.15.* New York: Apress

Marcotte, Ethan (2010b). *Responsive Web Design – The way forward.* Verfügbar unter http://alistapart.com/article/responsive-web-design. [17. November 2013].

Mihawk (2011). *CSS - Priority rules (weight).* Verfügbar unter http://en.kioskea.net/faq/30797-css-priority-rules-weight. [18. November 2013].

Murphy, C.; Clark, R.; Studholme, O.; Manian, D. (2012). *Beginning HTML5 and CSS3: The Web Evolved.* New York: Apress

Pieters, Simon (2013). *Differences from HTML4 - Editor's Draft 27 September 2013*. Verfügbar unter https://rawgithub.com/whatwg/html-differences/master/Overview.html#new-apis. [17. November 2013].

Powers, David (2011). *Introduction to media queries – Part 1: What are media queries?* Verfügbar unter: http://www.adobe.com/devnet/dreamweaver/articles/introducing-media-queries.html. [07. Januar 2014].

Remick, Jarel (2011). *What Is a Web App? Here's Our Definition.* Verfügbar unter: http://web.appstorm.net/general/opinion/what-is-a-web-app-heres-our-definition/. [30. Dezember 2013].

Simmons, Corry (2013). *Instant Responsive Web Design.* Birmingham Packt Publishing

Sklar, Joel (2011). *Principles of Web Design: The Web Technologies Series 5th.* Boston: Course Technology

Strobel, Claus (2003). *Web-Technologien: in E-Commerce-Systemen.* München: Oldenbourg Wissenschaftsverlag

Van Gemert, Vasilis (2013). *New defaults in Web Design: How much has the web really changed?* In Smashing Magazine. Verfügbar unter: http://books.google.at/books?id=fLFwleGRFP4C&printsec=frontcover&hl=de&source=gbs_ge_summary_r&cad=0#v=onepage&q&f=false.

Weiss, Andres (2011). *HTML für Einsteiger: Ein Grundkurs für Anfänger.* Norderstedt: Books on Demand GmbH

Wium Lie, Håkon (2005). *Cascading Style Sheets – Initial value.* Verfügbar unter http://people.opera.com/howcome/2006/phd/#h-300. [19. November 2013].

World Wide Web Consortium (2013). *HTML5 - A vocabulary and associated APIs for HTML and XHTML - W3C Candidate Recommendation 6 August 2013.* Verfügbar unter http://www.w3.org/TR/2013/CR-html5-20130806. [18. November 2013].

World Wide Web Consortium DOM Interest Group (2005). *Document Object Model (DOM) – What is the Document Object Model?* Verfügbar unter http://www.w3.org/DOM/#what. [18. November 2013].

World Wide Web Consortium Responsive Images Community Group (2013). *HTML Responsive Images Extension - W3C Editor's Draft 29 December 2013.* Verfügbar unter https://dvcs.w3.org/hg/html-proposals/raw-file/9443de7ff65f/responsive-images/responsive-images.html#picture-element. [29. Dezember 2013].

Wroblewski, Luke (2011). *Mobile First.* New York: A Book Apart

W3techs (2014). *Usage statistics and market share of JQuery for websites.* Verfügbar unter http://w3techs.com/technologies/details/js-jquery/all/all. [02. Januar 2014].